好·奇

提
供
一
种
眼
界

寂廖的画者
PITTORE DEL SILENZIO

艺术漫画传记
GRAPHIC BIOGRAPHY

爱德华·霍普
EDWARD HOPPER

（意）塞尔吉奥·罗西（Sergio Rossi） ◎ 著

（意）乔万尼·斯卡尔杜埃利（Giovanni Scarduelli） ◎ 绘

陈阳 ◎ 译

应急管理出版社
·北京·

引言

"唯一一个真正影响到我的人就是我自己。"

爱德华·霍普

    爱德华·霍普的一生看似短暂又无趣，他身边没有大名鼎鼎的情人；他不酗酒，不吸毒，也没有传出过太多绯闻轶事。我时常阅读和思索与爱德华·霍普有关的内容，他是孤寂和美国社会的歌者，是画家。他的画作成为二十世纪名副其实的象征，比如《夜游者》中的酒吧场景就经常被漫画、电影和文学作品引用。但在阅读过几本关于他的书籍后我才明白，我对他一无所知。

    霍普不关心美国的艺术，因为他不在意艺术家的国籍。他对现实主义绘画不感兴趣，也不关注那些与自己风格近似的艺术家，比如格兰特·伍德和诺曼·洛克威尔。他不在户外作画，而是在画室里创作。他总是把妻子乔和自己作为模特，通过数月的尝试，创作自己记忆中的画面。他从不解释自己的画作，并一再强调评论家们对他作品的解读是错误的。他对二十世纪的任何一个主要艺术流派都毫不重视——立体主义、超现实主义、抽象主义、野兽派等——他认为那些"没有实际价值"，不过只有在他乐意接受赞美的时候才会这么说。在私生活方面，霍普只有一位妻子，画家乔·尼维森，他在四十岁时与她相识并结婚，他们没有孩子。她放弃了自己的绘画生涯，追随丈夫。他们在一种用焦虑或者受虐都不足以诠释的爱恨交织的关系中共同生活了四十年。

    讲述霍普的生平意味着讲述他的生活及其探索的独特道路，所以，叙述者只能是艺术家本人，素材就是霍普自己在曾经的采访和信件中的真实话语，任何其他人的视角都意味着强行解释他的作品和人生，这绝非我的初衷。

写完这部传记后，有两种对其作品的解析方式给我留下了深刻的印象。第一种与瓦西里·康定斯基有关。康定斯基曾在日记中写道，他对抽象主义的研究来源于不用现实元素表达他在精神中感悟到的东西，尽管他承认很难搞清楚应该用什么去代替那些元素。同样地，霍普一直坚称自己不是现实主义画家，因为他所画的只是自己内心所感受到的，而不是眼睛看到的外在世界；而对他的最大误解就来自他运用了现实生活中的元素。

第二种则与《白鲸》的作者赫尔曼·梅尔维尔有关。在描述小说发生的时代时，梅尔维尔深知那样的美国已经不复存在，而正是这种消亡把美国变成了另一个地方，并使得猎捕白鲸的故事永垂不朽。类似地，霍普在他的画作中也描绘了一个不存在的美国，从而构建了一个适配于各种文化、各个时代的男男女女的神话般的领地。（塞尔吉奥·罗西）

我认为，一名插画师在接到一份工作需要去描绘一位以完全迥异的方式完成了职业生涯的伟大艺术家的人生时，内心难免会有一连串问题：我应该怎么做？作品中需要有多少我的影子？我在其中处于什么位置？这位艺术家与我是什么关系？

虽然这些问题没有正确答案，但也不可避免地需要回答。事实上，在那个时候，确实存在必要的答案（但很快，更多的答案会一个接一个地出现）。和绘画打交道的人都很清楚我们所说的"风格"是什么意思：是让画者区别于其他人的模式、工具、色彩和构图。当人们要求你为某个与你自己的绘画风格大相径庭的人画一部传记的时候，你的风格会发生什么变化？

我一直觉得，当一位艺术家走近另一位艺术家时，会不由自主地与其产生共鸣，并找到一个风格上的交汇点：既不会完全按照他人的风格而远离自己的，也不会让自己陷入两难绝境。所以，这是一次折中的创作。

我根据霍普的构图和用色调整了自己的工具（书中呈现的所有色彩都是他

的），然后也做了一点创新：使用了另一种工具。唯一能让我们彼此靠近、放在同一语义场的是那把我从来没用过的笔刷。这是一场实验——一个我经常忽略的创作的基本形式。

这也是一次难得的机会。因为在这种创作条件下，一位伟大的艺术家不仅是引路的灯塔，也是在插画师的纵身一跃和他面前的虚空之间的一张安全网。一张永远在你身下的网，缓冲你的飞行，给你瞬间的抚慰，然后把你送回到高空，召唤你尝试新的特技表演。

所以，爱德华·霍普曾经是，现在是，将来也永远是我最喜欢的画家之一；也是我曾经觉得遥不可及，但其实离我那么近的大师，他激励着我在一张又一张的画板上、在一间又一间的画室里成长，向我教授他的绘画方式，而我会把这些东西永远带进我自己的职业生涯中。（**乔万尼·斯卡尔杜埃利**）

"一个人的内心生活是一座广阔而缤纷的王国，它的内涵不仅仅是颜色、形状和图画的美妙组合。"

爱德华·霍普

爱德华!

爱德华!

第一章

在奈阿克和纽约之间

（1900—1906）

"曾经，我以为自己会想成为一名造船工程师，因为那时我对船只很感兴趣，但是我却变成了一位画家。"

爱德华·霍普

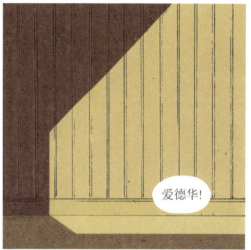

16

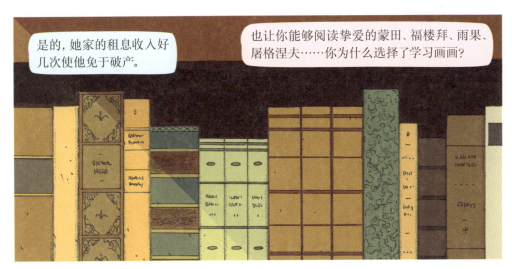

是的, 她家的租息收入好几次使他免于破产。

也让你能够阅读挚爱的蒙田、福楼拜、雨果、屠格涅夫……你为什么选择了学习画画?

我不知道。小时候起我就一直画画。玛丽昂说, 有一次, 在学校做题的时候, 我没有写出答案, 而是画了出来。

在我七岁的时候, 他们送了我一块用来画画的黑板。一切就是从那时开始的。

我把时间都用来临摹多雷的画作……

还有查尔斯·达纳·吉布森……

直到我自己的一幅画发表了……

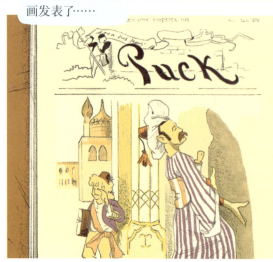

于是，我的父母觉得，插画能成为一项职业。

奈阿克没有艺术学校，所以我报了一所函授学校——纽约插画学院。我是在《画笔》杂志上看到的广告。

但它专门教授书籍和刊物的商业插画……

后来我转到了纽约艺术学院，那个时候还叫"蔡斯学院"。就是在这里，一切都改变了。

这里的教学方式完全不同，我也
遇到了一生的导师和朋友……

罗伯特·亨利
（教师）

乔治·贝洛斯
（学生）

我们把调色盘上的颜料刮下来，涂抹到墙上，有时候抹到椅子上。

威廉·梅里特·蔡斯
（教师）

洛克威尔·肯特
（学生）

我们用蘸满颜料的刮刀制造出柔软的大色块，这在陌生人的眼里确实很奇怪……

肯尼斯·海斯·米勒
（教员）

盖伊·佩内·杜·博伊斯
（学生）

按照蒂特尔的说法，我们中将诞生一群描绘自己的
个性而不是千篇一律的陈腐事物的艺术家。

沃尔特·蒂特尔
（学生）

帕特里克·亨利·布鲁斯
（学生）

但是你并不喜欢身为教师的的蔡斯⋯⋯

是的，我觉得他的风格很老旧。因为他总要求我们临摹以前的作品，以此了解那些作品是如何创作的⋯⋯

而且他喜欢给女生多过给男生上课，还开单独的小课堂。

米勒并不差劲……

但最棒的是亨利。

从艺术角度看，亨利是三个人中最缺乏天赋的，但是他会让你爱上绘画。他把我们带到大都会艺术博物馆欣赏委拉斯开兹、戈雅、哈尔斯。

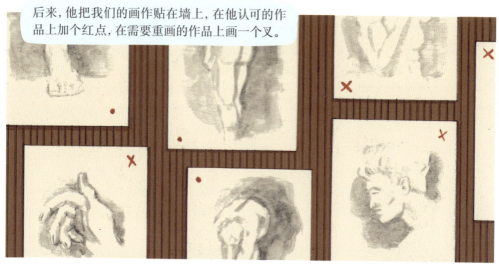

后来，他把我们的画作贴在墙上，在他认可的作品上加个红点，在需要重画的作品上画一个叉。

他最青睐你，只给你打红点。

他也喜欢你的作品。

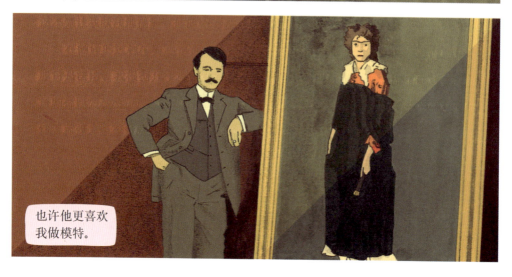

也许他更喜欢我做模特。

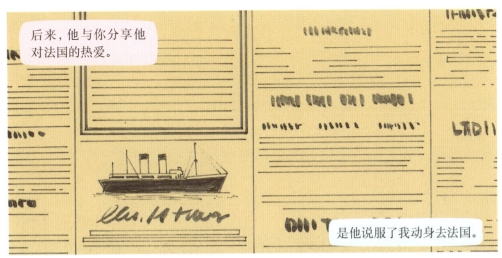

后来，他与你分享他对法国的热爱。

是他说服了我动身去法国。

我说，乔，为什么那些年你没有跟我讲过话？

因为从来找不到你的人。一下课你就溜回家了。

但最后一年我真的在纽约租了一间房。

显然是我从法国回来之后。

第二章

跨越大西洋

（1906—1910）

"我在欧洲待了十年时间才离开。"

爱德华·霍普

33

走几步路，我就能看到河对岸的的卢浮宫……

或者看看圣心大教堂。

在我看来，巴黎是一座美丽而优雅的城市，
与狂乱的纽约相比，它是那么端庄。

没有任何一种扎眼的色彩能打破这里沉郁
的建筑色调，到处都是灰色或者暗黄色。

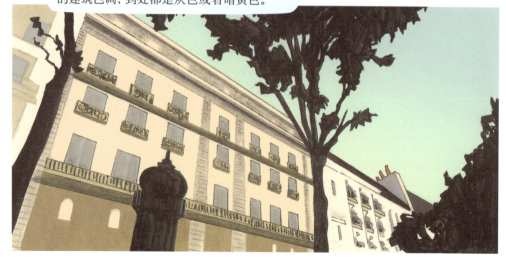

火车和公共汽车也凭借多年的运行经验秩序井然。

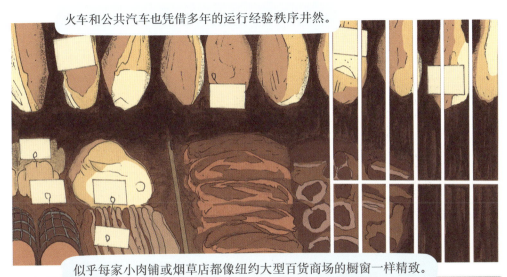

似乎每家小肉铺或烟草店都像纽约大型百货商场的橱窗一样精致。

每条街上都有各色各样的人来来往往。

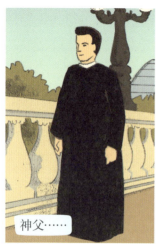

神父……

修女……

学生……

也少不了穿着宽大的红裤子的士兵。

也是因为那年正在
举办人类展览①。

那里没有我们这里
耀眼的色彩……

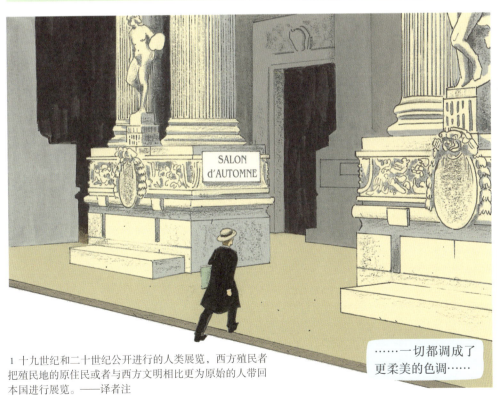

……一切都调成了
更柔美的色调……

1 十九世纪和二十世纪公开进行的人类展览，西方殖民者
把殖民地的原住民或者与西方文明相比更为原始的人带回
本国进行展览。——译者注

40

比如，塞尚。

当时他足有十
件作品展出。

还有康定斯基。

那几年他尚未热衷抽象派。

那时候我也
不喜欢他。

我更喜欢不那么新潮的
艺术家，比如马尔凯。

瓦洛东。

或者华特·席格。

自那时起，你就
一直研究他们。

一直。

但让我印象最深的是库尔贝。

是他让我明白了物体与空间的关系。

他也不新潮，我很快就明白了这点。

怎么讲？

那时像德劳内和梅青格尔那样的艺术家正好也在。

而第二年，毕加索也带着他的《亚维农的少女》出现了。

最终，几年之后，立体主义来了。

也是你从来都不喜欢的。

是的，他1904年就搬过去了，很快就融入了那里的环境。他是马蒂斯的学校接收的第一个外国人。

实际上他带了三件作品参加了1907年的沙龙。

49

后来他在1920年回到了美国，但是继续在秋季沙龙展出。

遗憾的是，他在1936年自杀了。

你在巴黎也和盖伊重逢了，但是见面时间很短。

我得回美国来，因为我的父亲去世了。

帕特里克的家是所有外籍艺术家的集会地。

已经痴迷于现代艺术的格特鲁德·斯泰因也在其中。

但你是怎么做到不跟毕加索碰面的呢？他总是伴其左右！

我不知道，事情就这样发生了。

而且你们光顾的都是同样的地方。

比如蒙帕纳斯的多摩咖啡馆。

那里充斥着妓女。

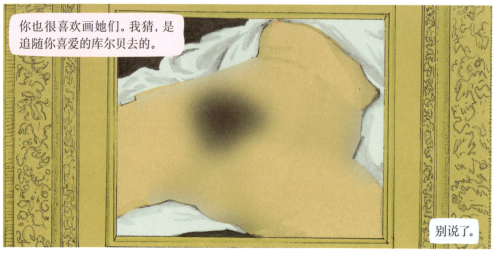

你也很喜欢画她们。我猜，是追随你喜爱的库尔贝去的。

别说了。

巴黎和色情行业遭受打击的纽约截然不同。在这里,想看援交的女性,只需要买一份报纸就够了。

她们随处可见。在图卢兹–罗特列克的画作里。

与左拉、欧仁·苏和雨果的小说里写的一样。

我更喜欢去
剧院看戏。

在户外画画。

尤其是在春天，那个时
候的光线不一样。

与你之前见过的任何东西都不一样，连阴影都在发光。

就像反光一样。

将近一年的时间，我只用鲜明的色调画画，比亨利教我的要亮得多。

那段时间我对摄影也很感兴趣。

尤其是尤金·阿杰特的作品，真的很引人注目。

然后你去了英国。

是的，去看伊妮德。

我们是好朋友。不过我也想参观国家美术馆。

你确定吗？

确定什么？

那只是友情？

爱德，你以前不认识我，你有至少一个女人也是正常的。总之，是她自己说你想要和她结婚的。1948年，她在《时代周刊》里读到关于你的文章后，写了一封信给你。

她的确写信问我是否记得一个英国姑娘，在巴黎时我常同她谈笑风生。

结婚的事情她只跟她女儿讲过，然后她女儿把故事传开了。

所以你前往伦敦去和她结婚。

不，我是去坐船回美国。

但后来你又回了两次法国。

NO. S. P. T. 218821

AMERICAN LINE - LE HAVRE

EXPRESS SERVICE, REGULAR SERVICE

Date of Issue, _____ March 17th _____ 1907

Purchaser's Name, _____ Edward Hopper

Address, 3 Washington Square North - New York

因为在美国没人买我的画。

于是我画插画，存了一些钱，再次启程。

柏林。

最后，马德里。

不。生活不一样：欧洲人的生活有条不紊，而我们美国人的生活颠三倒四。西班牙除外，那里的光线不一样。那里没有我们这样澄净的天空和光。

但是，我回来之后，美国的一切给我的感觉都糟糕透顶。

第三章

《蓝夜》

（1914）

"在蓝色的夏夜里，我将沿着小径……"

阿蒂尔·兰波

大家的评论很可怕。

AN ART EXHIBITION WITHOUT A JURY SYSTEM OF AWARDS

我记得很清楚："爱德华·霍普同《蓝夜》以及他那群喝苦艾酒的巴黎酒友并不能使大众信服，但他的《纽约角》完全做到了。"

告诉我，德加跟《蓝夜》有什么关系？

这两者都在巴黎。

爱德，那几年正在发动针对妓女的战争。仅在纽约就有超过四百家妓院……

……伪装成按摩店，大部分是法国女孩子在那里工作。

而巴黎被描述为现代的巴比伦……

……堕落之都，以及白奴贸易的总部。

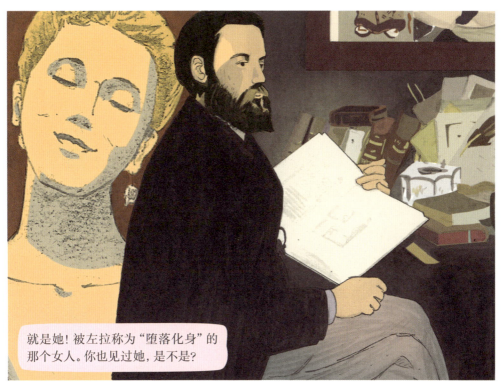

就是她！被左拉称为"堕落化身"的那个女人。你也见过她，是不是？

是的，但是我不想说我从她身上学到了什么。这跟我的画有什么关系？

就如盖伊所写, 我只是用冷淡气氛里坐在小桌旁的两三个人物表现了一家寂寞的小咖啡馆。

可惜他是在十五年之后写的。

总之, 他还说: "如果艺术家们都有一个普遍的缺陷, 那就是缺乏自我意识, 肯定不是缺乏个性。"

好吧，但这是因为盖伊是法国人。他不是像美国评论家那样的清教徒。

在这幅画里，我只是想向巴黎致敬，连标题也是从兰波的一首诗里摘取的。

我想我知道这首诗。

没错。

在蓝色的夏夜里，
我将沿着小径，

被麦芒刺痛，踏着青草
前行。

我将在梦里，感知
脚下的丝丝凉意。

我将让微风，
轻拂我的头顶。

我将什么也不说，什么也不想，但无尽的爱会在我的灵魂深处涌起，

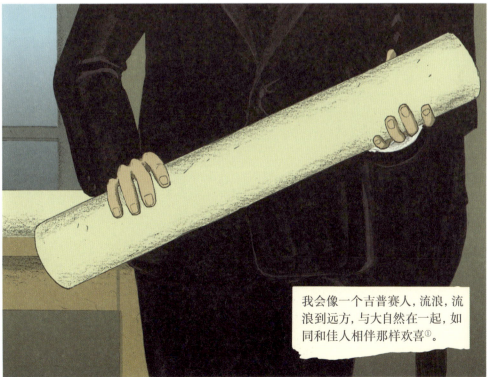

我会像一个吉普赛人，流浪，流浪到远方，与大自然在一起，如同和佳人相伴那样欢喜①。

1 原文为法语，是阿蒂尔·兰波的诗 *Sensation*。——译者注

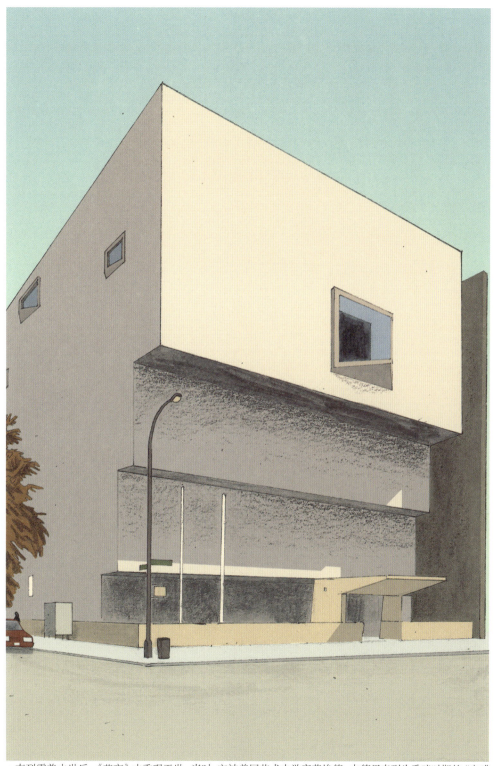

* 直到霍普去世后,《蓝夜》才重现于世。当时,它被美国艺术史学家劳埃德·古德里奇列为昏暗时期的"咖啡馆风俗画"。现藏于惠特尼博物馆。

第四章

在关闭的门后：与乔的生活和成功
（1924—1965）

"这就是为什么我从来没能画出……"

爱德华·霍普

没有，我还差两页半。

还是你父亲的登记簿？

是的，我在他的东西里找到的。还很新，我从第一次卖出画起就开始用它。

1913年军械库艺博会的那幅画?

1913

13 November

不止，还有商业插画。

Asc. Junday

2 drawings

因为我还得等上十年才能卖出第二幅画。

我也必须画商业插画。

我还喜欢教书和朗诵。

我不喜欢。

有时我会在雇主的公司前面徘徊几个小时。

1913

13 November

ASC. Sunday Magazine   160
    35
2 drawings   195

"The Iron Stickpin"   20 00

"Wayland"   20 00

因为一方面我想要赚钱谋生⋯⋯

check   40 00

但另一方面我不想听到他令人反感的言论。

89

你每周实际只工作三天。

这周剩下的时间你都用来画画。

是的。没人要的画。

但无论如何，多亏了插画，你才发现了蚀刻法。

那是碰巧。都是马丁·路易斯教我的。

你成功了，大家都很喜欢。为什么放弃了呢？

East River   10

New York Restaurant   1400

Small Town Station   900

New York Pavements   900

因为我开始卖我的画了。

351

好事成双。我们结婚了，
我的水彩画也卖出去了。

那些是在格洛斯特画的
画，在那一年之前，我们
在那里认识了彼此。

我还认识了弗兰克·雷
恩，我的画廊老板。我的
成功就是从那里开始的。

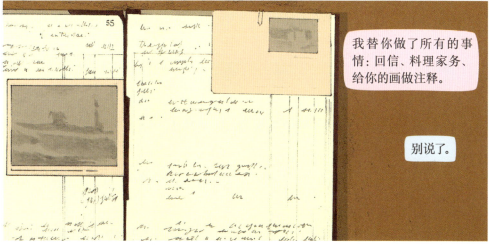

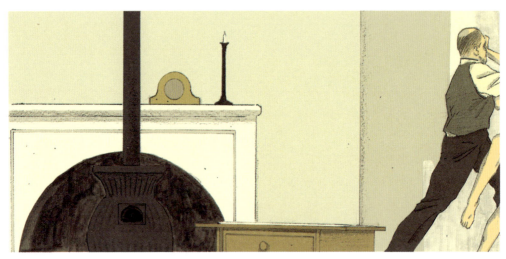

你做了对你老同学做过的相同的事……

只有跟吉恩，你保持了朋友关系，但也许是因为他会写关于你的文章。

劳埃德·古德里奇
也会写我。

他写了一篇非常精彩的关于
《铁道旁的房屋》的文章。

以至于后来希区柯克
在电影《惊魂记》里
用了那个场景。

我想是吧，
我没看过。

《夜游者》也获得
了极大的成功。

太成功了。

对我来说，那只是在乡村看到的
一个地方，是我回想起夜幕下
的一条街道的样子。仅此而已。

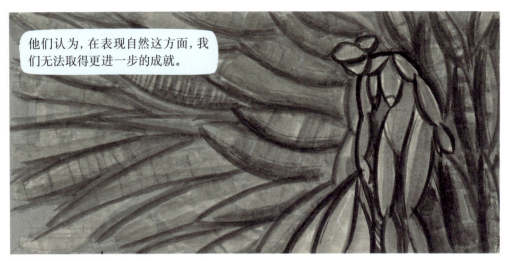

他们认为，在表现自然这方面，我们无法取得更进一步的成就。

因此，他们试图用一种更加简化和具有装饰性的笔触代替这种表现形式。

这是一个徒劳无望的研究方向。一种难以捉摸且没有力量的绘画，好像有话要说，却说不出来。

总之，我已经在《现实》杂志上跟他们较量过了。故事就此结束。

不过有些人把你的名字与波洛克的名字像美国艺术的两极一样联系起来。

不存在什么美国艺术。

我追寻的是描绘我自己。

然而人们觉得我是一个现实主义画家，因为他们将我与一个模仿大自然的人混为一谈。

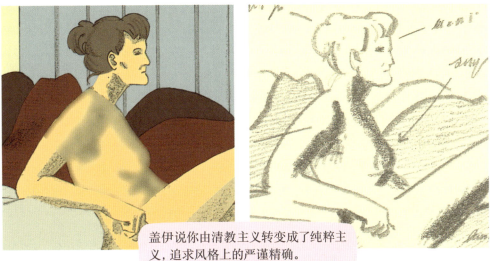

盖伊说你由清教主义转变成了纯粹主义，追求风格上的严谨精确。

你觉得呢？

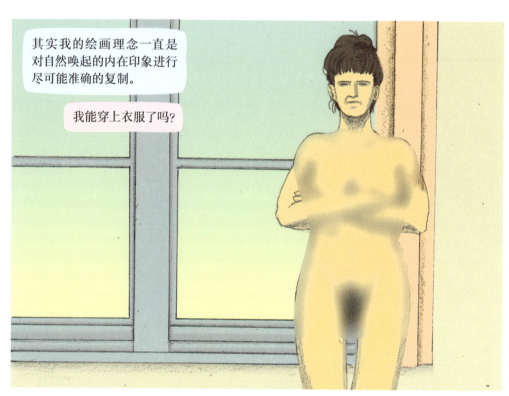

其实我的绘画理念一直是对自然唤起的内在印象进行尽可能准确的复制。

我能穿上衣服了吗?

如果这个目标无法实现,那么完美也一样。

可以,已经完成了。

这就是为什么我从来没能画出
我原本打算画的东西的原因。

尾声

"我想要画的"

（1965—1967）

"同时描绘出内在和外在是很难的事。"

爱德华·霍普

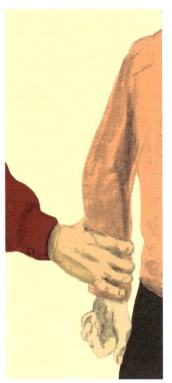

"我想做的，只是画出房子一侧的阳光。"

爱德华·霍普（1882—1967）

人物表

罗伯特·亨利（1865—1929）

美国画家，本名罗伯特·亨利·科扎德，曾任纽约艺术学院的老师。美国现实主义艺术的代表人物，"八人社"和"垃圾箱画派"的创始人。他被认为是1913年在纽约公开展出的军械库艺博会的精神之父，这场博览会标志着欧洲艺术进入美国，特别是那些与野兽主义、立体主义、未来主义先锋相关的作品，以及杜尚、毕加索、蒙克、康定斯基等创作者的作品。

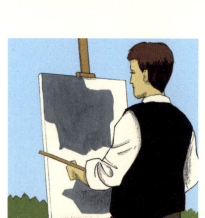

盖伊·佩内·杜·博伊斯（1884—1958）

出身法国的美国画家、插画家，也是艺术评论家和教师，是爱德华·霍普作品的拥趸和推广者之一。

乔治·贝洛斯（1882—1925）

美国现实主义画家，是纽约都市生活最伟大的歌者，也是他那一代人中最著名的画家。最有名的画作是表现了一场拳击比赛的《丹普西与费尔波》。

马丁·路易斯（1881—1962）

生于澳大利亚，加入了美国籍，是一位伟大的雕刻师，二十世纪初最具影响力的人物之一，他的作品表现了美国的乡村生活和城市发展。

帕特里克·亨利·布鲁斯（1881—1936）

美国画家，立体主义的代表人物，受到马塞尔·杜尚赞赏。布鲁斯留下的作品很少，因为大部分都被创作者自己毁掉了，他认为那些画不值得展出。

尤金·阿杰特（1857—1927）

法国摄影师，因在十九世纪至二十世纪期间拍摄的巴黎风景而闻名。受到曼·雷的赞赏，被称为"摄影界的巴尔扎克"以及二十世纪最伟大的摄影师之一。

洛克威尔·肯特（1882—1971）

美国画家和插画家，有一颗小行星
以他命名。曾在各种极左政治团体
任职，因此在二十世纪五十年代成
为麦卡锡主义的攻击目标。他的作
品包括1930年为赫尔曼·梅尔维
尔的《白鲸》（已由BUR Rizzoli于
2015年出版）创作的杰出插图。

肯尼斯·海斯·米勒（1876—1952）

美国画家，曾是现代派艺术先锋的反
对者。他的作品表达了社会主义思
想，始终包含社会和政治主题。在经
过世人漫长的遗忘之后，他在二十世
纪七十年代被重新发现。

威廉·梅里特·蔡斯（1849—1916）

美国画家，印象主义最具代表性的人
物之一。曾任纽约艺术学院的老师，
是蔡斯学院（如今为帕森斯设计学
院）的创始人。

沃尔特·蒂特尔（1883—1966）
美国画家，在美国和英国都工作过。尤其因作家约瑟夫·康拉德、阿诺德·贝内特和萧伯纳的肖像画而闻名。

劳埃德·古德里奇（1897—1987）
艺术史学家，策展人和纽约惠特尼博物馆馆长，是爱德华·霍普作品的最重要的鉴赏家之一，也是霍普去世之后发现《蓝夜》的人。

致 谢

感谢西蒙·阿佐尼提供材料，感谢妈妈提供人物姿势，感谢琪娅拉担任裸模，感谢埃莱奥诺拉·达拉·罗莎在色彩方面的大力帮助。感谢塞尔吉奥、巴尔萨扎和马克。最后，感谢伊万·卡努，他知道为什么。（**乔万尼·斯卡尔杜埃利**）

感谢巴尔萨扎提出建议时从不犹豫，感谢马克和RAM的帮助和耐心，感谢弗拉维奥关于霍普的精彩讲谈和盖尔·莱文的传记，感谢拉法一遍又一遍地重读和审查所有内容。（**塞尔吉奥·罗西**）

献给奶奶艾玛
乔万尼·斯卡尔杜埃利

献给拉法
塞尔吉奥·罗西

参考书目

《现代艺术大师之霍普》，AA.VV.著，Skira-Centauria出版，米兰，2017

《霍普》，露琪亚·阿奎诺著，艺术经典丛书，Rizzoli-Skira出版，米兰，2004

《爱德华·霍普，存在的光合作用》，伊夫·邦尼弗著，Abscondita出版，米兰，2009

《著作，访谈，证言》，爱德华·霍普著，艾蕾娜·庞迪佳编，Abscondita出版，米兰，2000

《爱德华·霍普私密传记》，盖尔·莱文著，Johan & Levi出版，米兰，2009

《霍普》，奥里埃塔·罗西·皮涅利著，收录于 Art & dossier 杂志，联合出版，佛罗伦萨，2002

《沉默的剧场：爱德华·霍普的艺术》，沃尔特·威尔斯著，Phaidon出版，米兰，2007

纪录片

《爱德华·霍普和空白画布》，让－皮埃尔·德维利耶导演，Arte France-Idéale Audience-RMN Grand Palais制片，2012

译者后记

　　我时常觉得，在阅读一本书的过程中，译者比一般的读者更容易产生代入感。作为译者，需要反复咀嚼书里的每一句话甚至每一个词，试图理解作者的本意；还需要查阅大量资料，尽量在自己的脑海中构造出一个完整的场景，尤其像漫画传记这类书，文字比较零碎，内在的逻辑有时更难把握。所以，在完成本书翻译的那一刻，我觉得有些伤感——仿佛我潦草地旁观了爱德华·霍普的一生，最终要和他告别了——就是这种伤感。

　　我已经不记得第一次知道霍普这位画家是什么时候，也许是在小学的美术课本上。寂寥，是他画作的最鲜明特征。他就像一个魔法师，在他营造的空间里，无论那些人挨得有多近，看起来都是孤独的；无论那些光线有多耀眼，色调有多温暖，我们都能从中感觉到一丝寒意。而霍普说，他想描绘的其实只是他自己，这不禁让我肤浅地揣测，他的内心是不是也和他的画一样淡漠。

　　在翻译的过程中，我常常遇见诗歌。这本书里就有一首阿蒂尔·兰波的诗，原诗是法语，我根据几个英语和意大利语译版，对照原诗的句子做了翻译。这首诗的标题为Sensation，可以作"感怀"理解，但在这本书的语境下，我更想把它叫作《蓝夜》。霍普就是从这首诗里摘出了"蓝夜"一词，给他的画命名。

《蓝夜》创作于1914年，是霍普比较早期的作品，和著名的《夜游者》（1942）相比，它的名气没那么大，但更具传奇色彩。巴黎咖啡馆里形形色色的人各怀心事，从他们身上感受到的，除了疏离，还有诡异。但是，谁又能说自己真的能读懂一幅画，或者读懂一个人？

　　诗的开头写道：在蓝色的夏夜里，我将沿着小径，被麦芒刺痛，踏着青草前行。那就把这本艺术漫画传记当作一个蓝色的夜吧！一个短暂的夜晚，我们无法知晓画中夜色下的人的全部人生，但我们可以走在画家曾经走过的小径上，捕捉他曾感知到的凉风中的孤寂。

陈阳

2020年8月

图书在版编目（CIP）数据

爱德华·霍普：寂寥的画者/（意）塞尔吉奥·罗西著；（意）乔万尼·斯卡尔杜埃利绘；陈阳译. --北京：应急管理出版社，2020

ISBN 978 - 7 - 5020 - 8423 - 3

Ⅰ.①爱… Ⅱ.①塞… ②乔… ③陈… Ⅲ.①霍普（Hopper，Edward 1882 - 1967）—传记—画册 Ⅳ.①K837.125.72 - 64

中国版本图书馆 CIP 数据核字（2020）第 213893 号

著作权合同登记号 01 - 2020 - 1551

Edward Hopper：pittore del silenzio，Graphic Biography by Sergio Rossi & Giovanni Scarduelli

Copyright © Centauria srl 2019

© Sergio Rossi & Giovanni Scarduelli

First published in 2019 by Centauria srl

Simplified Chinese edition © 2020 Beijing Curiosity Culture & Technology Co., Ltd. arranged through CA - LINK International LLC（www.ca - link.cn）

All Rights Reserved.

爱德华·霍普 寂寥的画者

著　　者　（意）塞尔吉奥·罗西
绘　　图　（意）乔万尼·斯卡尔杜埃利
译　　者　陈　阳
责任编辑　郭浩亮
封面设计　瓜田李下

出版发行　应急管理出版社（北京市朝阳区芍药居 35 号　100029）
电　　话　010 - 84657898（总编室）　010 - 84657880（读者服务部）
网　　址　www.cciph.com.cn
印　　刷　天津丰富彩艺印刷有限公司
经　　销　全国新华书店

开　　本　710mm×1000mm$^1/_{16}$　印张　8　字数　100 千字
版　　次　2020 年 12 月第 1 版　2020 年 12 月第 1 次印刷
社内编号　20193274　　定价　68.00 元
